The Perfect Record

MW00818280

Name_____

School_____

Grade_____ Year_____ – _____

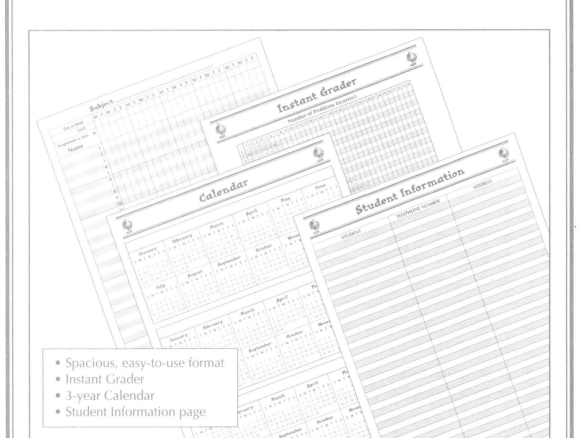

- Spacious, easy-to-use format
- Instant Grader
- 3-year Calendar
- Student Information page

Table of Contents

Published by Instructional Fair
An imprint of Frank Schaffer Publications
Copyright © 1999 School Specialty Publishing
All Rights Reserved • Printed in the USA

9 10 11 POH 09 08

Student Information

STUDENT	TELEPHONE NUMBER	ADDRESS

Calendar

2008

January
```
S  M  T  W  T  F  S
      1  2  3  4  5
 6  7  8  9 10 11 12
13 14 15 16 17 18 19
20 21 22 23 24 25 26
27 28 29 30 31
```

February
```
S  M  T  W  T  F  S
               1  2
 3  4  5  6  7  8  9
10 11 12 13 14 15 16
17 18 19 20 21 22 23
24 25 26 27 28 29
```

March
```
S  M  T  W  T  F  S
                  1
 2  3  4  5  6  7  8
 9 10 11 12 13 14 15
16 17 18 19 20 21 22
23/30 24/31 25 26 27 28 29
```

April
```
S  M  T  W  T  F  S
      1  2  3  4  5
 6  7  8  9 10 11 12
13 14 15 16 17 18 19
20 21 22 23 24 25 26
27 28 29 30
```

May
```
S  M  T  W  T  F  S
            1  2  3
 4  5  6  7  8  9 10
11 12 13 14 15 16 17
18 19 20 21 22 23 24
25 26 27 28 29 30 31
```

June
```
S  M  T  W  T  F  S
 1  2  3  4  5  6  7
 8  9 10 11 12 13 14
15 16 17 18 19 20 21
22 23 24 25 26 27 28
29 30
```

July
```
S  M  T  W  T  F  S
      1  2  3  4  5
 6  7  8  9 10 11 12
13 14 15 16 17 18 19
20 21 22 23 24 25 26
27 28 29 30 31
```

August
```
S  M  T  W  T  F  S
               1  2
 3  4  5  6  7  8  9
10 11 12 13 14 15 16
17 18 19 20 21 22 23
24/31 25 26 27 28 29 30
```

September
```
S  M  T  W  T  F  S
    1  2  3  4  5  6
 7  8  9 10 11 12 13
14 15 16 17 18 19 20
21 22 23 24 25 26 27
28 29 30
```

October
```
S  M  T  W  T  F  S
         1  2  3  4
 5  6  7  8  9 10 11
12 13 14 15 16 17 18
19 20 21 22 23 24 25
26 27 28 29 30 31
```

November
```
S  M  T  W  T  F  S
                  1
 2  3  4  5  6  7  8
 9 10 11 12 13 14 15
16 17 18 19 20 21 22
23/30 24 25 26 27 28 29
```

December
```
S  M  T  W  T  F  S
    1  2  3  4  5  6
 7  8  9 10 11 12 13
14 15 16 17 18 19 20
21 22 23 24 25 26 27
28 29 30 31
```

2009

January
```
S  M  T  W  T  F  S
               1  2  3
 4  5  6  7  8  9 10
11 12 13 14 15 16 17
18 19 20 21 22 23 24
25 26 27 28 29 30 31
```

February
```
S  M  T  W  T  F  S
 1  2  3  4  5  6  7
 8  9 10 11 12 13 14
15 16 17 18 19 20 21
22 23 24 25 26 27 28
```

March
```
S  M  T  W  T  F  S
 1  2  3  4  5  6  7
 8  9 10 11 12 13 14
15 16 17 18 19 20 21
22 23 24 25 26 27 28
29 30 31
```

April
```
S  M  T  W  T  F  S
          1  2  3  4
 5  6  7  8  9 10 11
12 13 14 15 16 17 18
19 20 21 22 23 24 25
26 27 28 29 30
```

May
```
S  M  T  W  T  F  S
               1  2
 3  4  5  6  7  8  9
10 11 12 13 14 15 16
17 18 19 20 21 22 23
24/31 25 26 27 28 29 30
```

June
```
S  M  T  W  T  F  S
    1  2  3  4  5  6
 7  8  9 10 11 12 13
14 15 16 17 18 19 20
21 22 23 24 25 26 27
28 29 30
```

July
```
S  M  T  W  T  F  S
          1  2  3  4
 5  6  7  8  9 10 11
12 13 14 15 16 17 18
19 20 21 22 23 24 25
26 27 28 29 30 31
```

August
```
S  M  T  W  T  F  S
                  1
 2  3  4  5  6  7  8
 9 10 11 12 13 14 15
16 17 18 19 20 21 22
23/30 24/31 25 26 27 28 29
```

September
```
S  M  T  W  T  F  S
       1  2  3  4  5
 6  7  8  9 10 11 12
13 14 15 16 17 18 19
20 21 22 23 24 25 26
27 28 29 30
```

October
```
S  M  T  W  T  F  S
             1  2  3
 4  5  6  7  8  9 10
11 12 13 14 15 16 17
18 19 20 21 22 23 24
25 26 27 28 29 30 31
```

November
```
S  M  T  W  T  F  S
 1  2  3  4  5  6  7
 8  9 10 11 12 13 14
15 16 17 18 19 20 21
22 23 24 25 26 27 28
29 30
```

December
```
S  M  T  W  T  F  S
       1  2  3  4  5
 6  7  8  9 10 11 12
13 14 15 16 17 18 19
20 21 22 23 24 25 26
27 28 29 30 31
```

2010

January
```
S  M  T  W  T  F  S
                  1  2
 3  4  5  6  7  8  9
10 11 12 13 14 15 16
17 18 19 20 21 22 23
24/31 25 26 27 28 29 30
```

February
```
S  M  T  W  T  F  S
    1  2  3  4  5  6
 7  8  9 10 11 12 13
14 15 16 17 18 19 20
21 22 23 24 25 26 27
28
```

March
```
S  M  T  W  T  F  S
    1  2  3  4  5  6
 7  8  9 10 11 12 13
14 15 16 17 18 19 20
21 22 23 24 25 26 27
28 29 30 31
```

April
```
S  M  T  W  T  F  S
             1  2  3
 4  5  6  7  8  9 10
11 12 13 14 15 16 17
18 19 20 21 22 23 24
25 26 27 28 29 30
```

May
```
S  M  T  W  T  F  S
                  1
 2  3  4  5  6  7  8
 9 10 11 12 13 14 15
16 17 18 19 20 21 22
23/30 24/31 25 26 27 28 29
```

June
```
S  M  T  W  T  F  S
       1  2  3  4  5
 6  7  8  9 10 11 12
13 14 15 16 17 18 19
20 21 22 23 24 25 26
27 28 29 30
```

July
```
S  M  T  W  T  F  S
             1  2  3
 4  5  6  7  8  9 10
11 12 13 14 15 16 17
18 19 20 21 22 23 24
25 26 27 28 29 30 31
```

August
```
S  M  T  W  T  F  S
 1  2  3  4  5  6  7
 8  9 10 11 12 13 14
15 16 17 18 19 20 21
22 23 24 25 26 27 28
29 30 31
```

September
```
S  M  T  W  T  F  S
          1  2  3  4
 5  6  7  8  9 10 11
12 13 14 15 16 17 18
19 20 21 22 23 24 25
26 27 28 29 30
```

October
```
S  M  T  W  T  F  S
                1  2
 3  4  5  6  7  8  9
10 11 12 13 14 15 16
17 18 19 20 21 22 23
24/31 25 26 27 28 29 30
```

November
```
S  M  T  W  T  F  S
    1  2  3  4  5  6
 7  8  9 10 11 12 13
14 15 16 17 18 19 20
21 22 23 24 25 26 27
28 29 30
```

December
```
S  M  T  W  T  F  S
          1  2  3  4
 5  6  7  8  9 10 11
12 13 14 15 16 17 18
19 20 21 22 23 24 25
26 27 28 29 30 31
```

Instant Grader

Number of Problems Incorrect

Number of Total Problems

	1	2	3	4	5	6	7	8	9	10	11	12	13	14	15	16	17	18	19	20	21	22	23	24	25	26	27	28	29	30	31	32	33	34
6	83	67	50	33	17																													
7	86	71	57	43	29	14																												
8	88	75	63	50	38	25	13																											
9	89	78	67	56	44	33	22	11																										
10	90	80	70	60	50	40	30	20	10																									
11	91	82	73	64	55	45	36	27	18	9																								
12	92	83	75	67	58	50	42	33	25	17	8																							
13	92	85	77	69	62	54	46	38	31	23	15	8																						
14	93	86	79	71	64	57	50	43	36	29	21	14	7																					
15	93	87	80	73	67	60	53	47	40	33	27	20	13	7																				
16	94	88	81	75	69	63	56	50	44	38	31	25	19	13	6																			
17	94	88	82	76	71	65	59	53	47	41	35	29	24	18	12	6																		
18	94	89	83	78	72	67	61	56	50	44	39	33	28	22	17	11	6																	
19	95	89	84	79	74	68	63	58	53	47	42	37	32	26	21	16	11	5																
20	95	90	85	80	75	70	65	60	55	50	45	40	35	30	25	20	15	10	5															
21	95	90	86	81	76	71	67	62	57	52	48	43	38	33	29	24	19	14	10	5														
22	95	91	86	82	77	73	68	64	59	55	50	45	41	36	32	27	23	18	14	9	5													
23	96	91	87	83	78	74	70	65	61	57	52	48	43	39	35	30	26	22	17	13	9	4												
24	96	92	88	83	79	75	71	67	63	58	54	50	46	42	38	33	29	25	21	17	13	8	4											
25	96	92	88	84	80	76	72	68	64	60	56	52	48	44	40	36	32	28	24	20	16	12	8	4										
26	96	92	88	85	81	77	73	69	65	62	58	54	50	46	42	38	35	31	27	23	19	15	12	8	4									
27	96	93	89	85	81	78	74	70	67	63	59	56	52	48	44	41	37	33	30	26	22	19	15	11	7	4								
28	96	93	89	86	82	79	75	71	68	64	61	57	54	50	46	43	39	36	32	29	25	21	18	14	11	7	4							
29	97	93	90	86	83	79	76	72	69	66	62	59	55	52	48	45	41	38	34	31	28	24	21	17	14	10	7	3						
30	97	93	90	87	83	80	77	73	70	67	63	60	57	53	50	47	43	40	37	33	30	27	23	20	17	13	10	7	3					
31	97	94	90	87	84	81	77	74	71	68	65	61	58	55	52	48	45	42	39	35	32	29	26	23	19	16	13	10	6	3				
32	97	94	91	88	84	81	78	75	72	69	66	63	59	56	53	50	47	44	41	38	34	31	28	25	22	19	16	13	9	6	3			
33	97	94	91	88	85	82	79	76	73	70	67	64	61	58	55	52	48	45	42	39	36	33	30	27	24	21	18	15	12	9	6	3		
34	97	94	91	88	85	82	79	76	74	71	68	65	62	59	56	53	50	47	44	41	38	35	32	29	26	24	21	18	15	12	9	6	3	
35	97	94	91	89	86	83	80	77	74	71	69	66	63	60	57	54	51	49	46	43	40	37	34	31	29	26	23	20	17	14	11	9	6	3
36	97	94	92	89	86	83	81	78	75	72	69	67	64	61	58	56	53	50	47	44	42	39	36	33	31	28	25	22	19	17	14	11	8	6
37	97	95	92	89	86	84	81	78	76	73	70	68	65	62	59	57	54	51	49	46	43	41	38	35	32	30	27	24	22	19	16	14	11	8
38	97	95	92	89	87	84	82	79	76	74	71	68	66	63	61	58	55	53	50	47	45	42	39	37	34	32	29	26	24	21	18	16	13	11
39	97	95	92	90	87	85	82	79	77	74	72	69	67	64	62	59	56	54	51	49	46	44	41	38	36	33	31	28	26	23	21	18	15	13
40	98	95	93	90	88	85	83	80	78	75	73	70	68	65	63	60	58	55	53	50	48	45	43	40	38	35	33	30	28	25	23	20	18	15
41	98	95	93	90	88	85	83	80	78	75	73	71	68	66	63	61	59	56	54	51	49	46	44	41	39	37	34	32	29	27	24	22	20	17
42	98	95	93	90	88	86	83	81	79	76	74	71	69	67	64	62	60	57	55	52	50	48	45	43	40	38	36	33	31	29	26	24	21	19
43	98	95	93	91	88	86	84	81	79	77	74	72	70	67	65	63	60	58	56	53	51	49	47	44	42	40	37	35	33	30	28	26	23	21
44	98	95	93	91	89	86	84	82	80	77	75	73	70	68	66	64	61	59	57	55	52	50	48	45	43	41	39	36	34	32	30	27	25	23
45	98	96	93	91	89	87	84	82	80	78	76	73	71	69	67	64	62	60	58	56	53	51	49	47	44	42	40	38	36	33	31	29	27	24
46	98	96	93	91	89	87	85	83	80	78	76	74	72	70	67	65	63	61	59	57	54	52	50	48	46	43	41	39	37	35	33	30	28	26
47	98	96	94	91	89	87	85	83	81	79	77	74	72	70	68	66	64	62	60	57	55	53	51	49	47	45	43	40	38	36	34	32	30	28
48	98	96	94	92	90	88	85	83	81	79	77	75	73	71	69	67	65	63	60	58	56	54	52	50	48	46	44	42	40	38	35	33	31	29
49	98	96	94	92	90	88	86	84	82	80	78	76	73	71	69	67	65	63	61	59	57	55	53	51	49	47	45	43	41	39	37	35	33	31
50	98	96	94	92	90	88	86	84	82	80	78	76	74	72	70	68	66	64	62	60	58	56	54	52	50	48	46	44	42	40	38	36	34	32
51	98	96	94	92	90	88	86	84	82	80	78	76	75	73	71	69	67	65	63	61	59	57	55	53	51	49	47	45	43	41	39	37	35	33
52	98	96	94	92	90	88	87	85	83	81	79	77	75	73	71	69	67	65	63	62	60	58	56	54	52	50	48	46	44	42	40	38	36	35
53	98	96	94	92	91	89	87	85	83	81	79	77	75	74	72	70	68	66	64	62	60	58	57	55	53	51	49	47	45	43	42	40	38	36
54	98	96	94	93	91	89	87	85	83	81	80	78	76	74	72	70	69	67	65	63	61	59	57	56	54	52	50	48	46	44	43	41	39	37
55	98	96	95	93	91	89	87	85	84	82	80	78	76	75	73	71	69	67	65	64	62	60	58	56	55	53	51	49	47	45	44	42	40	38
56	98	96	95	93	91	89	88	86	84	82	80	79	77	75	73	71	70	68	66	64	63	61	59	57	55	54	52	50	48	46	45	43	41	39
57	98	96	95	93	91	89	88	86	84	82	81	79	77	75	74	72	70	68	67	65	63	61	60	58	56	54	53	51	49	47	46	44	42	40

Notes

Subject _____

Day of Week		M	T	W	T	F	M	T	W	T	F	M	T	W	T	F	M	T	W	T	F	M	T	W	T	F
DATE																										
Assignments or Tests	→																									
Name																										
	1																									
	2																									
	3																									
	4																									
	5																									
	6																									
	7																									
	8																									
	9																									
	10																									
	11																									
	12																									
	13																									
	14																									
	15																									
	16																									
	17																									
	18																									
	19																									
	20																									
	21																									
	22																									
	23																									
	24																									
	25																									
	26																									
	27																									
	28																									
	29																									
	30																									
	31																									
	32																									
	33																									
	34																									
	35																									
	36																									
	37																									
	38																									
	39																									
	40																									

Period _____

M	T	W	T	F	M	T	W	f	F	M	T	W	T	F	M	T	W	T	F	M	T	W	T	F	Final Grade		Attendance		
																											Days Present	Days Tardy	Days Absent
1																										1			
2																										2			
3																										3			
4																										4			
5																										5			
6																										6			
7																										7			
8																										8			
9																										9			
10																										10			
11																										11			
12																										12			
13																										13			
14																										14			
15																										15			
16																										16			
17																										17			
18																										18			
19																										19			
20																										20			
21																										21			
22																										22			
23																										23			
24																										24			
25																										25			
26																										26			
27																										27			
28																										28			
29																										29			
30																										30			
31																										31			
32																										32			
33																										33			
34																										34			
35																										35			
36																										36			
37																										37			
38																										38			
39																										39			
40																										40			

Subject _____

Day of Week		M	T	W	T	F	M	T	W	T	F	M	T	W	T	F	M	T	W	T	F	M	T	W	T	F
DATE																										
Assignments or Tests	→																									
Name																										
	1																									
	2																									
	3																									
	4																									
	5																									
	6																									
	7																									
	8																									
	9																									
	10																									
	11																									
	12																									
	13																									
	14																									
	15																									
	16																									
	17																									
	18																									
	19																									
	20																									
	21																									
	22																									
	23																									
	24																									
	25																									
	26																									
	27																									
	28																									
	29																									
	30																									
	31																									
	32																									
	33																									
	34																									
	35																									
	36																									
	37																									
	38																									
	39																									
	40																									

	M	T	W	T	F	M	T	W	T	F	M	T	W	T	F	M	T	W	T	F	M	T	W	T	F	Final Grade		Attendance		
																												Days Present	Days Tardy	Days Absent
1																											1			
2																											2			
3																											3			
4																											4			
5																											5			
6																											6			
7																											7			
8																											8			
9																											9			
10																											10			
11																											11			
12																											12			
13																											13			
14																											14			
15																											15			
16																											16			
17																											17			
18																											18			
19																											19			
20																											20			
21																											21			
22																											22			
23																											23			
24																											24			
25																											25			
26																											26			
27																											27			
28																											28			
29																											29			
30																											30			
31																											31			
32																											32			
33																											33			
34																											34			
35																											35			
36																											36			
37																											37			
38																											38			
39																											39			
40																											40			

Subject _____

Day of Week		M	T	W	T	F	M	T	W	T	F	M	T	W	T	F	M	T	W	T	F	M	T	W	T	F
DATE																										
Assignments or Tests	→																									
Name																										
	1																									
	2																									
	3																									
	4																									
	5																									
	6																									
	7																									
	8																									
	9																									
	10																									
	11																									
	12																									
	13																									
	14																									
	15																									
	16																									
	17																									
	18																									
	19																									
	20																									
	21																									
	22																									
	23																									
	24																									
	25																									
	26																									
	27																									
	28																									
	29																									
	30																									
	31																									
	32																									
	33																									
	34																									
	35																									
	36																									
	37																									
	38																									
	39																									
	40																									

Period _____

M	T	W	T	F	M	T	W	T	F	M	T	W	T	F	M	T	W	T	F	M	T	W	T	F	Final Grade	Attendance
																										Days Present / Days Tardy / Days Absent

Final Grade
1
2
3
4
5
6
7
8
9
10
11
12
13
14
15
16
17
18
19
20
21
22
23
24
25
26
27
28
29
30
31
32
33
34
35
36
37
38
39
40

Subject _____

Day of Week		M	T	W	T	F	M	T	W	T	F	M	T	W	T	F	M	T	W	T	F	M	T	W	T	F
DATE																										
Assignments or Tests	→																									
Name																										
	1																									
	2																									
	3																									
	4																									
	5																									
	6																									
	7																									
	8																									
	9																									
	10																									
	11																									
	12																									
	13																									
	14																									
	15																									
	16																									
	17																									
	18																									
	19																									
	20																									
	21																									
	22																									
	23																									
	24																									
	25																									
	26																									
	27																									
	28																									
	29																									
	30																									
	31																									
	32																									
	33																									
	34																									
	35																									
	36																									
	37																									
	38																									
	39																									
	40																									

Period _____

	M	T	W	T	F	M	T	W	T	F	M	T	W	T	F	M	T	W	T	F	M	T	W	T	F	Final Grade		Attendance		
																													Days Present	Days Tardy	Days Absent
1																										1				
2																										2				
3																										3				
4																										4				
5																										5				
6																										6				
7																										7				
8																										8				
9																										9				
0																										10				
1																										11				
2																										12				
3																										13				
4																										14				
5																										15				
6																										16				
7																										17				
8																										18				
9																										19				
0																										20				
1																										21				
2																										22				
3																										23				
4																										24				
5																										25				
6																										26				
7																										27				
8																										28				
9																										29				
0																										30				
1																										31				
2																										32				
3																										33				
4																										34				
5																										35				
6																										36				
7																										37				
8																										38				
9																										39				
0																										40				

Subject _____

Day of Week		M	T	W	T	F	M	T	W	T	F	M	T	W	T	F	M	T	W	T	F	M	T	W	T
DATE																									
Assignments or Tests	→																								
Name																									
	1																								
	2																								
	3																								
	4																								
	5																								
	6																								
	7																								
	8																								
	9																								
	10																								
	11																								
	12																								
	13																								
	14																								
	15																								
	16																								
	17																								
	18																								
	19																								
	20																								
	21																								
	22																								
	23																								
	24																								
	25																								
	26																								
	27																								
	28																								
	29																								
	30																								
	31																								
	32																								
	33																								
	34																								
	35																								
	36																								
	37																								
	38																								
	39																								
	40																								

Period _____

	M	T	W	T	F	M	T	W	T	F	M	T	W	T	F	M	T	W	T	F	M	T	W	T	F	Final Grade		Attendance		
																													Days Present	Days Tardy	Days Absent
1																											1			
2																											2			
3																											3			
4																											4			
5																											5			
6																											6			
7																											7			
8																											8			
9																											9			
10																											10			
11																											11			
12																											12			
13																											13			
14																											14			
15																											15			
16																											16			
17																											17			
18																											18			
19																											19			
20																											20			
21																											21			
22																											22			
23																											23			
24																											24			
25																											25			
26																											26			
27																											27			
28																											28			
29																											29			
30																											30			
31																											31			
32																											32			
33																											33			
34																											34			
35																											35			
36																											36			
37																											37			
38																											38			
39																											39			
40																											40			

Subject _____

Day of Week		M	T	W	T	F	M	T	W	T	F	M	T	W	T	F	M	T	W	T	F	M	T	W	T	F
DATE																										
Assignments or Tests	→																									
Name																										
	1																									
	2																									
	3																									
	4																									
	5																									
	6																									
	7																									
	8																									
	9																									
	10																									
	11																									
	12																									
	13																									
	14																									
	15																									
	16																									
	17																									
	18																									
	19																									
	20																									
	21																									
	22																									
	23																									
	24																									
	25																									
	26																									
	27																									
	28																									
	29																									
	30																									
	31																									
	32																									
	33																									
	34																									
	35																									
	36																									
	37																									
	38																									
	39																									
	40																									

M	T	W	T	F	M	T	W	T	F	M	T	W	T	F	M	T	W	T	F	M	T	W	T	F	Final Grade		Attendance		
																											Days Present	Days Tardy	Days Absent
																										1			
																										2			
																										3			
																										4			
																										5			
																										6			
																										7			
																										8			
																										9			
																										10			
																										11			
																										12			
																										13			
																										14			
																										15			
																										16			
																										17			
																										18			
																										19			
																										20			
																										21			
																										22			
																										23			
																										24			
																										25			
																										26			
																										27			
																										28			
																										29			
																										30			
																										31			
																										32			
																										33			
																										34			
																										35			
																										36			
																										37			
																										38			
																										39			
																										40			

Subject _____

Day of Week		M	T	W	T	F	M	T	W	T	F	M	T	W	T	F	M	T	W	T	F	M	T	W	T	F
DATE																										
Assignments or Tests	→																									
Name																										
	1																									
	2																									
	3																									
	4																									
	5																									
	6																									
	7																									
	8																									
	9																									
	10																									
	11																									
	12																									
	13																									
	14																									
	15																									
	16																									
	17																									
	18																									
	19																									
	20																									
	21																									
	22																									
	23																									
	24																									
	25																									
	26																									
	27																									
	28																									
	29																									
	30																									
	31																									
	32																									
	33																									
	34																									
	35																									
	36																									
	37																									
	38																									
	39																									
	40																									

Period _____

	M	T	W	T	F	M	T	W	T	F	M	T	W	T	F	M	T	W	T	F	M	T	W	T	F	Final Grade		Attendance		
																													Days Present	Days Tardy	Days Absent
1																											1			
2																											2			
3																											3			
4																											4			
5																											5			
6																											6			
7																											7			
8																											8			
9																											9			
10																											10			
11																											11			
12																											12			
13																											13			
14																											14			
15																											15			
16																											16			
17																											17			
18																											18			
19																											19			
20																											20			
21																											21			
22																											22			
23																											23			
24																											24			
25																											25			
26																											26			
27																											27			
28																											28			
29																											29			
30																											30			
31																											31			
32																											32			
33																											33			
34																											34			
35																											35			
36																											36			
37																											37			
38																											38			
39																											39			
40																											40			

Subject _____

Day of Week		M	T	W	T	F	M	T	W	T	F	M	T	W	T	F	M	T	W	T	F	M	T	W	T	F
DATE																										
Assignments or Tests ➔																										
Name																										
	1																									
	2																									
	3																									
	4																									
	5																									
	6																									
	7																									
	8																									
	9																									
	10																									
	11																									
	12																									
	13																									
	14																									
	15																									
	16																									
	17																									
	18																									
	19																									
	20																									
	21																									
	22																									
	23																									
	24																									
	25																									
	26																									
	27																									
	28																									
	29																									
	30																									
	31																									
	32																									
	33																									
	34																									
	35																									
	36																									
	37																									
	38																									
	39																									
	40																									

	M	T	W	T	F	M	T	W	T	F	M	T	W	T	F	M	T	W	T	F	M	T	W	T	F	Final Grade		Attendance		
																												Days Present	Days Tardy	Days Absent
1																										1			
2																										2			
3																										3			
4																										4			
5																										5			
6																										6			
7																										7			
8																										8			
9																										9			
10																										10			
11																										11			
12																										12			
13																										13			
14																										14			
15																										15			
16																										16			
17																										17			
18																										18			
19																										19			
20																										20			
21																										21			
22																										22			
23																										23			
24																										24			
25																										25			
26																										26			
27																										27			
28																										28			
29																										29			
30																										30			
31																										31			
32																										32			
33																										33			
34																										34			
35																										35			
36																										36			
37																										37			
38																										38			
39																										39			
40																										40			

Subject _____

Day of Week		M	T	W	T	F	M	T	W	T	F	M	T	W	T	F	M	T	W	T	F	M	T	W	T	F
DATE																										
Assignments or Tests	→																									
Name																										
	1																									
	2																									
	3																									
	4																									
	5																									
	6																									
	7																									
	8																									
	9																									
	10																									
	11																									
	12																									
	13																									
	14																									
	15																									
	16																									
	17																									
	18																									
	19																									
	20																									
	21																									
	22																									
	23																									
	24																									
	25																									
	26																									
	27																									
	28																									
	29																									
	30																									
	31																									
	32																									
	33																									
	34																									
	35																									
	36																									
	37																									
	38																									
	39																									
	40																									

Period _____

	M	T	W	T	F	M	T	W	T	F	M	T	W	T	F	M	T	W	T	F	M	T	W	T	F	Final Grade		Attendance		
																													Days Present	Days Tardy	Days Absent
1																											1			
2																											2			
3																											3			
4																											4			
5																											5			
6																											6			
7																											7			
8																											8			
9																											9			
10																											10			
11																											11			
12																											12			
13																											13			
14																											14			
15																											15			
16																											16			
17																											17			
18																											18			
19																											19			
20																											20			
21																											21			
22																											22			
23																											23			
24																											24			
25																											25			
26																											26			
27																											27			
28																											28			
29																											29			
30																											30			
31																											31			
32																											32			
33																											33			
34																											34			
35																											35			
36																											36			
37																											37			
38																											38			
39																											39			
40																											40			

Subject _____

Day of Week	→	M	T	W	T	F	M	T	W	T	F	M	T	W	T	F	M	T	W	T	F	M	T	W	T	F
DATE																										
Assignments or Tests →																										

Name

	1
	2
	3
	4
	5
	6
	7
	8
	9
	10
	11
	12
	13
	14
	15
	16
	17
	18
	19
	20
	21
	22
	23
	24
	25
	26
	27
	28
	29
	30
	31
	32
	33
	34
	35
	36
	37
	38
	39
	40

M	T	W	T	F	M	T	W	T	F	M	T	W	T	F	M	T	W	T	F	M	T	W	T	F	Final Grade	Attendance		
																										Days Present	Days Tardy	Days Absent
																									1			
																									2			
																									3			
																									4			
																									5			
																									6			
																									7			
																									8			
																									9			
																									10			
																									11			
																									12			
																									13			
																									14			
																									15			
																									16			
																									17			
																									18			
																									19			
																									20			
																									21			
																									22			
																									23			
																									24			
																									25			
																									26			
																									27			
																									28			
																									29			
																									30			
																									31			
																									32			
																									33			
																									34			
																									35			
																									36			
																									37			
																									38			
																									39			
																									40			

Subject _____

Day of Week	→	M	T	W	T	F	M	T	W	T	F	M	T	W	T	F	M	T	W	T	F	M	T	W	T	F
DATE																										
Assignments or Tests	→																									
Name																										
	1																									
	2																									
	3																									
	4																									
	5																									
	6																									
	7																									
	8																									
	9																									
	10																									
	11																									
	12																									
	13																									
	14																									
	15																									
	16																									
	17																									
	18																									
	19																									
	20																									
	21																									
	22																									
	23																									
	24																									
	25																									
	26																									
	27																									
	28																									
	29																									
	30																									
	31																									
	32																									
	33																									
	34																									
	35																									
	36																									
	37																									
	38																									
	39																									
	40																									

Period _____

M	T	W	T	F	M	T	W	T	F	M	T	W	T	F	M	T	W	T	F	M	T	W	T	F	Final Grade		Attendance		
																											Days Present	Days Tardy	Days Absent
1																										1			
2																										2			
3																										3			
4																										4			
5																										5			
6																										6			
7																										7			
8																										8			
9																										9			
10																										10			
11																										11			
12																										12			
13																										13			
14																										14			
15																										15			
16																										16			
17																										17			
18																										18			
19																										19			
20																										20			
21																										21			
22																										22			
23																										23			
24																										24			
25																										25			
26																										26			
27																										27			
28																										28			
29																										29			
30																										30			
31																										31			
32																										32			
33																										33			
34																										34			
35																										35			
36																										36			
37																										37			
38																										38			
39																										39			
40																										40			

Subject _____

Day of Week		M	T	W	T	F	M	T	W	T	F	M	T	W	T	F	M	T	W	T	F	M	T	W	T	F
DATE																										
Assignments or Tests	→																									
Name																										
	1																									
	2																									
	3																									
	4																									
	5																									
	6																									
	7																									
	8																									
	9																									
	10																									
	11																									
	12																									
	13																									
	14																									
	15																									
	16																									
	17																									
	18																									
	19																									
	20																									
	21																									
	22																									
	23																									
	24																									
	25																									
	26																									
	27																									
	28																									
	29																									
	30																									
	31																									
	32																									
	33																									
	34																									
	35																									
	36																									
	37																									
	38																									
	39																									
	40																									

Period _____

	M	T	W	T	F	M	T	W	T	F	M	T	W	T	F	M	T	W	T	F	M	T	W	T	F	Final Grade		Attendance		
																												Days Present	Days Tardy	Days Absent
1																											1			
2																											2			
3																											3			
4																											4			
5																											5			
6																											6			
7																											7			
8																											8			
9																											9			
10																											10			
11																											11			
12																											12			
13																											13			
14																											14			
15																											15			
16																											16			
17																											17			
18																											18			
19																											19			
20																											20			
21																											21			
22																											22			
23																											23			
24																											24			
25																											25			
26																											26			
27																											27			
28																											28			
29																											29			
30																											30			
31																											31			
32																											32			
33																											33			
34																											34			
35																											35			
36																											36			
37																											37			
38																											38			
39																											39			
40																											40			

Subject _____

Day of Week		M	T	W	T	F	M	T	W	T	F	M	T	W	T	F	M	T	W	T	F	M	T	W	T	F
DATE																										
Assignments or Tests	→																									
Name																										
	1																									
	2																									
	3																									
	4																									
	5																									
	6																									
	7																									
	8																									
	9																									
	10																									
	11																									
	12																									
	13																									
	14																									
	15																									
	16																									
	17																									
	18																									
	19																									
	20																									
	21																									
	22																									
	23																									
	24																									
	25																									
	26																									
	27																									
	28																									
	29																									
	30																									
	31																									
	32																									
	33																									
	34																									
	35																									
	36																									
	37																									
	38																									
	39																									
	40																									

Period _____

	M	T	W	T	F	M	T	W	T	F	M	T	W	T	F	M	T	W	T	F	M	T	W	T	F		Final Grade		Attendance		
																													Days Present	Days Tardy	Days Absent
1																											1			
2																											2			
3																											3			
4																											4			
5																											5			
6																											6			
7																											7			
8																											8			
9																											9			
10																											10			
11																											11			
12																											12			
13																											13			
14																											14			
15																											15			
16																											16			
17																											17			
18																											18			
19																											19			
20																											20			
21																											21			
22																											22			
23																											23			
24																											24			
25																											25			
26																											26			
27																											27			
28																											28			
29																											29			
30																											30			
31																											31			
32																											32			
33																											33			
34																											34			
35																											35			
36																											36			
37																											37			
38																											38			
39																											39			
40																											40			

Subject _____

Day of Week		M	T	W	T	F	M	T	W	T	F	M	T	W	T	F	M	T	W	T	F	M	T	W	T	F
DATE																										
Assignments or Tests	→																									
Name																										
	1																									
	2																									
	3																									
	4																									
	5																									
	6																									
	7																									
	8																									
	9																									
	10																									
	11																									
	12																									
	13																									
	14																									
	15																									
	16																									
	17																									
	18																									
	19																									
	20																									
	21																									
	22																									
	23																									
	24																									
	25																									
	26																									
	27																									
	28																									
	29																									
	30																									
	31																									
	32																									
	33																									
	34																									
	35																									
	36																									
	37																									
	38																									
	39																									
	40																									

Period _____

M	T	W	T	F	M	T	W	T	F	M	T	W	T	F	M	T	W	T	F	M	T	W	T	F	Final Grade		Attendance		
																											Days Present	Days Tardy	Days Absent
1																										1			
2																										2			
3																										3			
4																										4			
5																										5			
6																										6			
7																										7			
8																										8			
9																										9			
10																										10			
11																										11			
12																										12			
13																										13			
14																										14			
15																										15			
16																										16			
17																										17			
18																										18			
19																										19			
20																										20			
21																										21			
22																										22			
23																										23			
24																										24			
25																										25			
26																										26			
27																										27			
28																										28			
29																										29			
30																										30			
31																										31			
32																										32			
33																										33			
34																										34			
35																										35			
36																										36			
37																										37			
38																										38			
39																										39			
40																										40			

Subject _____

Day of Week		M	T	W	T	F	M	T	W	T	F	M	T	W	T	F	M	T	W	T	F	M	T	W	T	F
DATE																										
Assignments or Tests	→																									
Name																										
	1																									
	2																									
	3																									
	4																									
	5																									
	6																									
	7																									
	8																									
	9																									
	10																									
	11																									
	12																									
	13																									
	14																									
	15																									
	16																									
	17																									
	18																									
	19																									
	20																									
	21																									
	22																									
	23																									
	24																									
	25																									
	26																									
	27																									
	28																									
	29																									
	30																									
	31																									
	32																									
	33																									
	34																									
	35																									
	36																									
	37																									
	38																									
	39																									
	40																									

Period _____

M	T	W	T	F	M	T	W	T	F	M	T	W	T	F	M	T	W	T	F	M	T	W	T	F	Final Grade		Attendance		
																											Days Present	Days Tardy	Days Absent
1																										1			
2																										2			
3																										3			
4																										4			
5																										5			
6																										6			
7																										7			
8																										8			
9																										9			
10																										10			
11																										11			
12																										12			
13																										13			
14																										14			
15																										15			
16																										16			
17																										17			
18																										18			
19																										19			
20																										20			
21																										21			
22																										22			
23																										23			
24																										24			
25																										25			
26																										26			
27																										27			
28																										28			
29																										29			
30																										30			
31																										31			
32																										32			
33																										33			
34																										34			
35																										35			
36																										36			
37																										37			
38																										38			
39																										39			
40																										40			

Subject _____

Day of Week		M	T	W	T	F	M	T	W	T	F	M	T	W	T	F	M	T	W	T	F	M	T	W	T	F
DATE																										
Assignments or Tests	→																									
Name																										
	1																									
	2																									
	3																									
	4																									
	5																									
	6																									
	7																									
	8																									
	9																									
	10																									
	11																									
	12																									
	13																									
	14																									
	15																									
	16																									
	17																									
	18																									
	19																									
	20																									
	21																									
	22																									
	23																									
	24																									
	25																									
	26																									
	27																									
	28																									
	29																									
	30																									
	31																									
	32																									
	33																									
	34																									
	35																									
	36																									
	37																									
	38																									
	39																									
	40																									

Period _____

	M	T	W	T	F	M	T	W	T	F	M	T	W	T	F	M	T	W	T	F	M	T	W	T	F	Final Grade		Attendance		
																												Days Present	Days Tardy	Days Absent
1																											1			
2																											2			
3																											3			
4																											4			
5																											5			
6																											6			
7																											7			
8																											8			
9																											9			
10																											10			
11																											11			
12																											12			
13																											13			
14																											14			
15																											15			
16																											16			
17																											17			
18																											18			
19																											19			
20																											20			
21																											21			
22																											22			
23																											23			
24																											24			
25																											25			
26																											26			
27																											27			
28																											28			
29																											29			
30																											30			
31																											31			
32																											32			
33																											33			
34																											34			
35																											35			
36																											36			
37																											37			
38																											38			
39																											39			
40																											40			

Subject _____

Day of Week		M	T	W	T	F	M	T	W	T	F	M	T	W	T	F	M	T	W	T	F	M	T	W	T	F
DATE																										
Assignments or Tests	→																									
Name																										
	1																									
	2																									
	3																									
	4																									
	5																									
	6																									
	7																									
	8																									
	9																									
	10																									
	11																									
	12																									
	13																									
	14																									
	15																									
	16																									
	17																									
	18																									
	19																									
	20																									
	21																									
	22																									
	23																									
	24																									
	25																									
	26																									
	27																									
	28																									
	29																									
	30																									
	31																									
	32																									
	33																									
	34																									
	35																									
	36																									
	37																									
	38																									
	39																									
	40																									

Period _____

	M	T	W	T	F	M	T	W	T	F	M	T	W	T	F	M	T	W	T	F	M	T	W	T	F	Final Grade		Attendance		
																													Days Present	Days Tardy	Days Absent
1																											1			
2																											2			
3																											3			
4																											4			
5																											5			
6																											6			
7																											7			
8																											8			
9																											9			
10																											10			
11																											11			
12																											12			
13																											13			
14																											14			
15																											15			
16																											16			
17																											17			
18																											18			
19																											19			
20																											20			
21																											21			
22																											22			
23																											23			
24																											24			
25																											25			
26																											26			
27																											27			
28																											28			
29																											29			
30																											30			
31																											31			
32																											32			
33																											33			
34																											34			
35																											35			
36																											36			
37																											37			
38																											38			
39																											39			
40																											40			

Subject _____

Day of Week		M	T	W	T	F	M	T	W	T	F	M	T	W	T	F	M	T	W	T	F	M	T	W	T	F
DATE																										
Assignments or Tests	→																									
Name																										
	1																									
	2																									
	3																									
	4																									
	5																									
	6																									
	7																									
	8																									
	9																									
	10																									
	11																									
	12																									
	13																									
	14																									
	15																									
	16																									
	17																									
	18																									
	19																									
	20																									
	21																									
	22																									
	23																									
	24																									
	25																									
	26																									
	27																									
	28																									
	29																									
	30																									
	31																									
	32																									
	33																									
	34																									
	35																									
	36																									
	37																									
	38																									
	39																									
	40																									

	M	T	W	T	F	M	T	W	T	F	M	T	W	T	F	M	T	W	T	F	M	T	W	T	F	M	T	W	T	F	Final Grade		Attendance		
																																		Days Present	Days Tardy	Days Absent
1																																1			
2																																2			
3																																3			
4																																4			
5																																5			
6																																6			
7																																7			
8																																8			
9																																9			
10																																10			
11																																11			
12																																12			
13																																13			
14																																14			
15																																15			
16																																16			
17																																17			
18																																18			
19																																19			
20																																20			
21																																21			
22																																22			
23																																23			
24																																24			
25																																25			
26																																26			
27																																27			
28																																28			
29																																29			
30																																30			
31																																31			
32																																32			
33																																33			
34																																34			
35																																35			
36																																36			
37																																37			
38																																38			
39																																39			
40																																40			

Subject _____

Day of Week		M	T	W	T	F	M	T	W	T	F	M	T	W	T	F	M	T	W	T	F	M	T	W	T	F
DATE																										
Assignments or Tests	→																									
Name																										
	1																									
	2																									
	3																									
	4																									
	5																									
	6																									
	7																									
	8																									
	9																									
	10																									
	11																									
	12																									
	13																									
	14																									
	15																									
	16																									
	17																									
	18																									
	19																									
	20																									
	21																									
	22																									
	23																									
	24																									
	25																									
	26																									
	27																									
	28																									
	29																									
	30																									
	31																									
	32																									
	33																									
	34																									
	35																									
	36																									
	37																									
	38																									
	39																									
	40																									

	M	T	W	T	F	M	T	W	T	F	M	T	W	T	F	M	T	W	T	F	M	T	W	T	F	M	T	W	T	F	Final Grade		Attendance		
																																		Days Present	Days Tardy	Days Absent
1																																1			
2																																2			
3																																3			
4																																4			
5																																5			
6																																6			
7																																7			
8																																8			
9																																9			
10																																10			
11																																11			
12																																12			
13																																13			
14																																14			
15																																15			
16																																16			
17																																17			
18																																18			
19																																19			
20																																20			
21																																21			
22																																22			
23																																23			
24																																24			
25																																25			
26																																26			
27																																27			
28																																28			
29																																29			
30																																30			
31																																31			
32																																32			
33																																33			
34																																34			
35																																35			
36																																36			
37																																37			
38																																38			
39																																39			
40																																40			

Day of Week		M	T	W	T	F	M	T	W	T	F	M	T	W	T	F	M	T	W	T	F	M	T	W	T	F
DATE																										
Assignments or Tests	→																									
Name																										
	1																									
	2																									
	3																									
	4																									
	5																									
	6																									
	7																									
	8																									
	9																									
	10																									
	11																									
	12																									
	13																									
	14																									
	15																									
	16																									
	17																									
	18																									
	19																									
	20																									
	21																									
	22																									
	23																									
	24																									
	25																									
	26																									
	27																									
	28																									
	29																									
	30																									
	31																									
	32																									
	33																									
	34																									
	35																									
	36																									
	37																									
	38																									
	39																									
	40																									

Subject _____

Period _____

	M	T	W	T	F	M	T	W	T	F	M	T	W	T	F	M	T	W	T	F	M	T	W	T	F	Final Grade		Attendance		
																												Days Present	Days Tardy	Days Absent
1																											1			
2																											2			
3																											3			
4																											4			
5																											5			
6																											6			
7																											7			
8																											8			
9																											9			
10																											10			
11																											11			
12																											12			
13																											13			
14																											14			
15																											15			
16																											16			
17																											17			
18																											18			
19																											19			
20																											20			
21																											21			
22																											22			
23																											23			
24																											24			
25																											25			
26																											26			
27																											27			
28																											28			
29																											29			
30																											30			
31																											31			
32																											32			
33																											33			
34																											34			
35																											35			
36																											36			
37																											37			
38																											38			
39																											39			
40																											40			

Subject _____

Day of Week		M	T	W	T	F	M	T	W	T	F	M	T	W	T	F	M	T	W	T	F	M	T	W	T	F
DATE																										
Assignments or Tests	→																									
Name																										
	1																									
	2																									
	3																									
	4																									
	5																									
	6																									
	7																									
	8																									
	9																									
	10																									
	11																									
	12																									
	13																									
	14																									
	15																									
	16																									
	17																									
	18																									
	19																									
	20																									
	21																									
	22																									
	23																									
	24																									
	25																									
	26																									
	27																									
	28																									
	29																									
	30																									
	31																									
	32																									
	33																									
	34																									
	35																									
	36																									
	37																									
	38																									
	39																									
	40																									

Period _____

M	T	W	T	F	M	T	W	T	F	M	T	W	T	F	M	T	W	T	F	M	T	W	T	F	Final Grade		Attendance		
																											Days Present	Days Tardy	Days Absent
																									1				
																									2				
																									3				
																									4				
																									5				
																									6				
																									7				
																									8				
																									9				
																									10				
																									11				
																									12				
																									13				
																									14				
																									15				
																									16				
																									17				
																									18				
																									19				
																									20				
																									21				
																									22				
																									23				
																									24				
																									25				
																									26				
																									27				
																									28				
																									29				
																									30				
																									31				
																									32				
																									33				
																									34				
																									35				
																									36				
																									37				
																									38				
																									39				
																									40				

Subject _____

Day of Week		M	T	W	T	F	M	T	W	T	F	M	T	W	T	F	M	T	W	T	F	M	T	W	T
DATE																									
Assignments or Tests	→																								
Name																									
	1																								
	2																								
	3																								
	4																								
	5																								
	6																								
	7																								
	8																								
	9																								
	10																								
	11																								
	12																								
	13																								
	14																								
	15																								
	16																								
	17																								
	18																								
	19																								
	20																								
	21																								
	22																								
	23																								
	24																								
	25																								
	26																								
	27																								
	28																								
	29																								
	30																								
	31																								
	32																								
	33																								
	34																								
	35																								
	36																								
	37																								
	38																								
	39																								
	40																								

M	T	W	T	F	M	T	W	T	F	M	T	W	T	F	M	T	W	T	F	M	T	W	T	F	Final Grade		Attendance		
																											Days Present	Days Tardy	Days Absent
																										1			
																										2			
																										3			
																										4			
																										5			
																										6			
																										7			
																										8			
																										9			
																										10			
																										11			
																										12			
																										13			
																										14			
																										15			
																										16			
																										17			
																										18			
																										19			
																										20			
																										21			
																										22			
																										23			
																										24			
																										25			
																										26			
																										27			
																										28			
																										29			
																										30			
																										31			
																										32			
																										33			
																										34			
																										35			
																										36			
																										37			
																										38			
																										39			
																										40			

Subject _____

Day of Week	M	T	W	T	F	M	T	W	T	F	M	T	W	T	F	M	T	W	T	F	M	T	W	T	F
DATE																									
Assignments or Tests →																									
Name																									
1																									
2																									
3																									
4																									
5																									
6																									
7																									
8																									
9																									
10																									
11																									
12																									
13																									
14																									
15																									
16																									
17																									
18																									
19																									
20																									
21																									
22																									
23																									
24																									
25																									
26																									
27																									
28																									
29																									
30																									
31																									
32																									
33																									
34																									
35																									
36																									
37																									
38																									
39																									
40																									

	M	T	W	T	F	M	T	W	T	F	M	T	W	T	F	M	T	W	T	F	M	T	W	T	F	Final Grade		Attendance		
																												Days Present	Days Tardy	Days Absent
1																											1			
2																											2			
3																											3			
4																											4			
5																											5			
6																											6			
7																											7			
8																											8			
9																											9			
10																											10			
11																											11			
12																											12			
13																											13			
14																											14			
15																											15			
16																											16			
17																											17			
18																											18			
19																											19			
20																											20			
21																											21			
22																											22			
23																											23			
24																											24			
25																											25			
26																											26			
27																											27			
28																											28			
29																											29			
30																											30			
31																											31			
32																											32			
33																											33			
34																											34			
35																											35			
36																											36			
37																											37			
38																											38			
39																											39			
40																											40			

Subject _____

Day of Week		M	T	W	T	F	M	T	W	T	F	M	T	W	T	F	M	T	W	T	F	M	T	W	T	F
DATE																										
Assignments or Tests	→																									
Name																										
	1																									
	2																									
	3																									
	4																									
	5																									
	6																									
	7																									
	8																									
	9																									
	10																									
	11																									
	12																									
	13																									
	14																									
	15																									
	16																									
	17																									
	18																									
	19																									
	20																									
	21																									
	22																									
	23																									
	24																									
	25																									
	26																									
	27																									
	28																									
	29																									
	30																									
	31																									
	32																									
	33																									
	34																									
	35																									
	36																									
	37																									
	38																									
	39																									
	40																									

Period _____

	M	T	W	T	F	M	T	W	T	F	M	T	W	T	F	M	T	W	T	F	M	T	W	T	F	Final Grade		Attendance		
																												Days Present	Days Tardy	Days Absent
1																											1			
2																											2			
3																											3			
4																											4			
5																											5			
6																											6			
7																											7			
8																											8			
9																											9			
10																											10			
11																											11			
12																											12			
13																											13			
14																											14			
15																											15			
16																											16			
17																											17			
18																											18			
19																											19			
20																											20			
21																											21			
22																											22			
23																											23			
24																											24			
25																											25			
26																											26			
27																											27			
28																											28			
29																											29			
30																											30			
31																											31			
32																											32			
33																											33			
34																											34			
35																											35			
36																											36			
37																											37			
38																											38			
39																											39			
40																											40			

Subject _____

Day of Week		M	T	W	T	F	M	T	W	T	F	M	T	W	T	F	M	T	W	T	F	M	T	W	T	F
DATE																										
Assignments or Tests	→																									
Name																										
	1																									
	2																									
	3																									
	4																									
	5																									
	6																									
	7																									
	8																									
	9																									
	10																									
	11																									
	12																									
	13																									
	14																									
	15																									
	16																									
	17																									
	18																									
	19																									
	20																									
	21																									
	22																									
	23																									
	24																									
	25																									
	26																									
	27																									
	28																									
	29																									
	30																									
	31																									
	32																									
	33																									
	34																									
	35																									
	36																									
	37																									
	38																									
	39																									
	40																									

Period _____

	M	T	W	T	F	M	T	W	T	F	M	T	W	T	F	M	T	W	T	F	M	T	W	T	F	Final Grade		Attendance		
																													Days Present	Days Tardy	Days Absent
1																										1				
2																										2				
3																										3				
4																										4				
5																										5				
6																										6				
7																										7				
8																										8				
9																										9				
10																										10				
11																										11				
12																										12				
13																										13				
14																										14				
15																										15				
16																										16				
17																										17				
18																										18				
19																										19				
20																										20				
21																										21				
22																										22				
23																										23				
24																										24				
25																										25				
26																										26				
27																										27				
28																										28				
29																										29				
30																										30				
31																										31				
32																										32				
33																										33				
34																										34				
35																										35				
36																										36				
37																										37				
38																										38				
39																										39				
40																										40				